PROBLÈME

FONDAMENTAL

DE LA

POLITIQUE MODERNE.

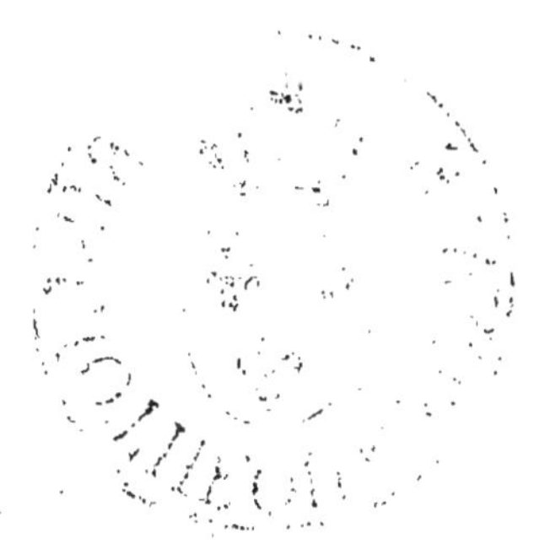

IMPRIMERIE ET FONDERIE DE G. DOYEN,
PARIS. — RUE SAINT-JACQUES, N. 38.

PROBLÈME FONDAMENTAL DE LA POLITIQUE MODERNE.

DÉDIÉ

AU

Comte de Bourmont.

PARIS.

CHEZ LADVOCAT, LIBRAIRE, PALAIS-ROYAL,

ET CHEZ LES PRINCIPAUX LIBRAIRES.

1829.

A Son Excellence le Comte de Bourmont, Pair de France, Lieutenant-Général des armées du Roi, Ministre de la Guerre, etc., etc.

Monsieur le Comte,

Il y a trois ans que M. Bergasse, ce patriarche de la haute littérature politique, vous a adressé la lettre que, d'après la permission qu'il m'en a donnée alors, je reproduis ici devant le public. Sans doute, la grande opinion que cet illustre vieillard vous y donne de l'utilité de mes travaux philosophiques, dépasse de beaucoup mes facultés. C'est une simple expression de son noble enthousiasme pour la science : partout où il s'agit du bien des hommes, lorsque surtout il dépend de la découverte de la vérité, son âme transportée agrandit l'importance des résultats. Un besoin ardent de porter l'humanité à ses sublimes destinées, qui caractérise l'existence entière de cet homme respectable, le pousse à saisir de ses mains défaillantes toute ombre de réalité, aujourd'hui qu'un si long et si infatigable zèle a affaibli, par de constantes illusions, la flamme céleste de sa vive espérance.

On ne peut donc considérer cette lettre de M. Bergasse que comme une expression de ses vœux pour le bien de l'humanité; et c'est pourquoi je me permets de la publier, en la trouvant ainsi éminemment propre à faire connaître la conviction que les hommes supérieurs ont de la position critique où nous nous trouvons aujourd'hui. Mais, comme il y est question de moi d'une manière plus favorable que je ne le mérite, je dois m'abstenir de me nommer ici devant le public.

Cependant, sans accepter toute la responsabilité que m'impose la haute opinion de ce vénérable vieillard, à laquelle je ne me sens nullement la force de pouvoir répondre, je pense que mes longues veilles pourraient n'être pas tout-à-fait inutiles aux hommes. J'en ferai un essai dans le présent écrit, que je vous prie d'agréer, Monsieur le Comte, uniquement comme un hommage personnel, et nullement comme une justification quelconque de l'opinion de M. Bergasse.

Vos lumières et votre tendance si prononcée vers la vérité, indépendamment de toute considération de parti, vous feront sans doute reconnaître qu'il n'existe point d'autres conditions de salut, et pour la France et généralement pour le monde civilisé : elles vous feront au moins désirer le développement complet de cet ordre de vérités, pour pouvoir prononcer sciemment dans une question d'une telle gravité.

Vous me pardonnerez alors, Monsieur le Comte, de m'être permis de produire votre respectable nom dans ces hautes considérations politiques. C'est une conséquence inévitable de votre dévouement public à la légitimité ; conséquence à laquelle il faut bien vous soumettre pour laisser à la postérité un éclatant exemple de fidélité au trône, dont on peut déjà présumer toute l'importance par l'acharnement de vos ennemis.

Il ne me reste ici qu'à vous présenter publiquement mes félicitations d'avoir mérité l'auguste confiance du Roi pour le poste éminent auquel Sa Majesté vient de vous appeler. — Occupé de l'écrit que je publie aujourd'hui, et où votre nom, Monsieur le Comte, était inévitable, je me suis privé de l'honneur de vous présenter mes hommages depuis l'époque de votre dernière nomination, afin que la malveillance ne puisse supposer rien qui soit indigne et de vous et de moi-même.

J'ai l'honneur d'être,

Monsieur le Comte,

De Votre Excellence,

Le très-humble et très-obéissant serviteur,

L'AUTEUR.

P. S. — Pour mieux établir la position critique où se trouve aujourd'hui l'humanité, position qui est l'unique objet que je désire signaler en publiant la lettre de M. Bergasse, je vous prie, Monsieur le Comte, de me permettre d'y joindre un extrait de deux autres lettres que cet honorable vieillard, aussi éclairé que sage, avait adressées auparavant au ministère de l'intérieur, par l'organe d'un homme trop zélé peut-être pour la stabilité de la raison humaine, mais dont je dois également reconnaître ici l'extrême bienveillance.

Paris, septembre, 1829.

Lettre de M. Bergasse à M. le Comte de Bourmont.

23 juillet 1826.

MONSIEUR LE COMTE,

M.... est venu me voir à la campagne où je fais ma demeure ordinaire, pour m'entretenir de ses travaux. . . . .

. . . .

Il y a long-temps que je suis convaincu que, si nous avons beaucoup de savans dont quelques-uns ont pu s'illustrer par des découvertes partielles dans la carrière qu'ils ont parcourue, cependant la science elle-même manque de base et même de démonstration absolue, faute de nous être élevés, de méditations en méditations, jusqu'à la première réalité et à la première loi d'où dépendent et par où s'opèrent toutes les réalités et toutes les lois de l'univers. Or, voici un homme à qui l'on ne conteste pas les qualités qui constituent au plus haut degré l'homme de génie. Cet homme a vu les nombreuses lacunes de la science et les erreurs non moins nombreuses dont elle est infectée. Il annonce que, par des efforts de tête réitérés, il est parvenu à découvrir la base sur laquelle il convient d'en élever l'édifice; que cette base une fois posée, les lacunes et les erreurs disparaîtront; et pour prouver ce qu'il annonce, il opère, dans un ouvrage immense, une réforme sur toutes les parties du savoir humain, qu'il semble, pour ainsi dire, recréer tout entier*.

Faut-il donc que ce grand ouvrage ne voie pas le jour? Certes, ce n'est ni vous ni moi qui penserons ainsi. Quelque bonne opinion d'eux-mêmes qu'aient les habiles d'aujourd'hui, il est impossible, après les avoir étudiés, que nous ne soyons pas tentés de dire comme Montaigne : Que sais-je?

. . . .

Quoi qu'il en soit, j'abandonne entièrement à votre sagacité la destinée présente de M..... Si vous réussissez, comme j'aime à le croire, vous aurez concouru à opérer une puissante diversion à toutes les sottises dont on nous fatigue maintenant; et dans ce beau siècle de lumières, où tant de fanatismes ténébreux et opposés se combattent, on vous devra d'avoir amené sur la scène le personnage qui doit mettre la paix entre un si grand nombre de vanités discordantes. . . . .

Adieu, Monsieur le Comte, vous connaissez mon

---

* Voici ce que l'Institut de France a dit à cet égard, du moins pour ce qui concerne la plus grande et la plus positive des sciences :

« Ce qui a frappé vos commissaires dans le Mémoire « de M...., c'est qu'il tire de sa formule, TOUTES celles « que l'on connaît pour le développement des fonctions « (c'est-à-dire toutes les mathématiques modernes, et « qu'elles n'en sont que des CAS TRÈS-PARTICULIERS. »

Signé : LAGRANGE et LACROIX.

attachement respectueux pour vous, et les sentimens de haute estime avec lesquels j'ai l'honneur d'être,

Votre, etc.

Signé : BERGASSE.

Extraits des lettres de M. Bergasse adressées au ministère de l'intérieur.

Première lettre, du mois d'avril 1826.

MONSIEUR,

J'ai eu occasion de connaître M.... il y a environ sept ou huit ans; je fus frappé de l'analogie qui se trouvait entre ses idées et les miennes; mais, moins distrait que moi par les évènemens politiques, je ne me dissimulai point qu'il avait parcouru un horizon plus vaste*. . . . .

. . . .

L'ouvrage de M.... est essentiellement religieux, mais de cette religion éminemment grande qui, dans les circonstances actuelles, conviendrait d'autant mieux qu'elle abattrait tous les sophismes et tous les esprits de partis qui, si l'on n'y prend garde,

* Dans une lettre du 14 octobre 1826, M. Bergasse se plaît même à reconnaître qu'il n'existe pas d'analogie entre ses idées et la doctrine dont il s'agit ici.

favoriseront bien plutôt l'impiété que la morale maintenant si peu connue de l'Évangile.

Je répète qu'il ne s'agit pas ici d'une chose ordinaire, et je connais trop bien vos sentimens, Monsieur, et l'intérêt que vous prenez à tout ce qui a de la grandeur et annonce une conquête sur l'ignorance, pour n'être pas convaincu que vous mettrez du zèle à favoriser de tous vos moyens une entreprise digne de vous et des sentimens qui vous ont toujours dirigé.

J'ai l'honneur d'être, etc.

Signé : BERGASSE.

Deuxième lettre, du mois de mai 1826.

MONSIEUR,

Je pars demain pour la campagne, mais avant de partir je regarde comme un devoir véritable de vous recommander plus que jamais M.... Je me suis de nouveau entretenu avec lui, et je ne peux m'empêcher de croire qu'il fera, dans un moment aussi critique que celui où se trouve la France et l'Europe, une étonnante révolution dans les esprits. Ce sont surtout les savans qu'il faut éclairer aujourd'hui, non pas en déclamant contre eux, mais en leur offrant, dans un ordre supérieur, des principes qui conviennent même à leur vanité. Il serait donc du plus haut intérêt, pour notre monarchie délabrée, que M.... fût mis à même de par-

courir avec succès la sublime carrière qu'il s'est tracée. Ceci regarde S. E. M. le Ministre de l'Intérieur; et je ne doute pas que s'il connaissait tout ce que j'ai recueilli dans mes conversations avec M...., il ne mît de l'empressement à protéger une telle entreprise. . . . .
. . . .

Adieu, Monsieur, ne doutez pas, etc.

Signé : BERGASSE.

PROBLÈME
FONDAMENTAL
DE LA
POLITIQUE MODERNE.

Il existe aujourd'hui, dans tous les États civilisés, deux partis politiques, sous divers noms, de whigs et de torys, d'indépendans et de royalistes, de libéraux et de serviles. — C'est un fait.

Tous leurs caractères respectifs, sans aucune exception, sont essentiellement opposés. — C'est encore un fait.

Néanmoins, quelque notoires que soient aujourd'hui, et cette existence des deux partis, et cette opposition de leurs caractères respectifs, pour arriver plus méthodiquement au problème qu'il faut enfin fixer, nous reproduirons ici, non par une déduction didactique, mais au moins comme simples faits historiques, les traits distinctifs de ces deux partis. — Les voici :

En premier lieu, pour ce qui concerne leurs considérations spéculatives ou leurs vues théoriques, desquelles dérivent toutes leurs tendances pratiques, ces deux partis ont respectivement deux points de vue diamétralement opposés. — Ainsi, l'un de ces partis, celui des indépendans, ne reconnaît d'autre vérité que celle qui résulte de l'expérience, ou tout au plus d'une induction empirique, c'est-à-dire, fondée sur l'expérience; et l'autre de ces partis, celui des royalistes, ne reconnaît d'autre vérité que celle qui résulte de la révélation, ou tout au plus, d'une déduction théologique, c'est-à-dire, fondée sur la révélation.

Les corollaires immédiats de ces principes théoriques sont les suivans. — L'un de ces partis, celui des libéraux, prétend que l'homme peut étendre indéfiniment la sphère de ses connaissances positives, et cela sans franchir les bornes de l'expérience, au-delà desquelles sont les régions de l'erreur; et il considère ce développement progressif et indéfini des connaissances utiles à la vie, comme constituant un état de perfectibilité de l'espèce humaine. — Au contraire, l'autre de ces partis, celui des royalistes, prétend que l'homme ne peut, au-delà de ce qui lui est révélé, avoir ni acquérir aucune connaissance absolue; et il considère cette impossibilité de découvrir la vérité, comme constituant un état déchu de l'espèce humaine.

En second lieu, pour ce qui concerne leurs considérations morales ou leurs vues pratiques, qui dérivent des principes théoriques que nous venons de signaler, ces deux partis ont, par une conséquence logique, des tendances également opposées. — Ainsi, le parti des indépendans ne reconnaît d'autre bien moral que celui qui résulte de l'intérêt terrestre des hommes, et par conséquent de leur propre volonté; et le parti des royalistes ne reconnaît, au contraire, d'autre bien moral que celui qui résulte de l'intérêt céleste des hommes, et par conséquent de la volonté divine.

Les corollaires immédiats de ces préceptes pratiques sont de nouveau les suivans. — Le premier de ces partis, celui des libéraux, prétend qu'il n'existe de droit, ni par conséquent de faculté de coërcition ou d'autorité politique, autrement que par une convention mutuelle des hommes; et il considère un tel état juridique, institué par un contrat social, comme offrant la réalisation des droits de l'homme. — Au contraire, le deuxième de ces partis, celui des royalistes, prétend qu'il n'existe de droit, ni par conséquent de faculté de coërcition ou d'autorité politique, autrement que par une législation divine; et il considère un tel état juridique, institué par la grâce de Dieu, comme offrant la réalisation du droit divin ou canonique.

En troisième lieu, réunissant ces considérations spéculatives et morales, ces vues théoriques et ces tendances pratiques, les deux partis remontent à l'origine de l'univers, et ils y parviennent encore à des idées diamétralement opposées. — Ainsi, le parti des indépendans ne reconnaît d'abord, en s'en tenant à la simple induction empirique, d'autre cause première qu'une cause mécanique; et il professe alors l'athéisme. En s'élevant ensuite à l'usage de facultés intellectuelles supérieures à l'induction, ce parti admet une cause première douée d'intelligence, mais inconcevable pour l'homme dans toutes ses attributions ; et il professe alors le déisme. — Au contraire, le parti des royalistes, en s'en tenant à la simple révélation, reconnaît d'abord, pour cause première de l'univers, l'intelligence suprême du Créateur ; et il professe alors la religion primitive. En se jetant ensuite dans les voies théologiques, ce parti revêt le Créateur d'attributions diverses ; et il professe alors des cultes positifs. — De plus, combinant le déisme avec ses vues morales, et principalement avec la philantropie, qui en est la conséquence éthique, le parti des indépendans institue une société spirituelle sous le nom de théophilantropes, qui paraît n'avoir aucun but spécial ; et combinant de même la religion avec ses vues morales, et principalement avec la charité qui, à son tour, en est la conséquence éthique, le parti des royalistes institue une société spirituelle sous le nom d'Église, qui a pour objet spécial d'établir sur la terre le règne de Dieu.

En quatrième lieu, cherchant à réaliser ces diverses vues, théoriques, pratiques et religieuses, les deux partis reconnaissent le besoin d'une garantie physique des lois morales, et ils trouvent cette garantie dans l'établissement de la société politique, ayant pour objet l'accomplissement des relations juridiques des hommes. Mais, de même que leurs préceptes juridiques, l'accomplissement de ces préceptes se présente de nouveau sous deux aspects diamétralement opposés. — Ainsi, dans cette institution des sociétés politiques, le parti des libéraux tend vers l'individualisation de l'autorité souveraine dans chacun des membres de cette société ; et le parti des royalistes tend, au contraire, vers l'universalisation de l'autorité souveraine dans un seul membre de la société politique.

Les corollaires immédiats de ces tendances politiques sont les suivans. — Le parti des indépendans cherche à réaliser, pour la formation des États, les institutions républicaines de gouvernement ; et pour la formation de la société politique universelle, la fédération des États dans leur indépendance individuelle. Et, au contraire, le parti des royalistes cherche à réaliser, pour la formation des États, les institutions monarchiques de gouvernement ; et pour la formation de la société politique universelle, une théocratie des États dans leur dépendance suprême de la législation divine.

En cinquième et dernier lieu, l'accomplissement de toutes ces vues respectives, qui constitue le but final de chacun des deux partis, conduit nécessairement, dans cette fin même de l'existence de l'humanité, à des résultats essentiellement opposés. — Ainsi, le parti des libéraux prétend que, par l'accomplissement de toutes ses vues, sous la protection d'une société universelle, garantie par la fédération des États, l'humanité pourra donner une carrière libre à sa perfectibilité, et pourra alors, par elle-même, atteindre le bien-être général, qui est son bien suprême sur la terre. Et le parti des royalistes prétend, à son tour, que, par l'accomplissement de toutes ses vues, sous la protection d'une société universelle, garantie par une théocratie des États, l'humanité pourra expier sa chute morale, et pourra alors, par la grâce de Dieu, retrouver l'immortalité, qui est son bien suprême dans un autre monde.

Tels sont, en résumé, et comme simples faits historiques, les traits distinctifs des deux partis qui se partagent aujourd'hui, comme fruit de la civilisation, les intérêts de l'humanité. — Et que l'on ne se méprenne pas sur l'opposition absolue de ces partis, par quelques opinions mixtes, résultant d'une insuffisance logique ou d'une timidité politique de pousser, jusqu'à leurs conséquences extrêmes, les principes fondamentaux de ces partis.

Mais, d'où vient alors cette contradiction universelle dans tous les intérêts de l'humanité?

Est-elle nécessaire cette incontestable contradiction, c'est-à-dire, fait-elle partie de la raison elle-même de l'homme? Ou bien, est-elle purement contingente, accidentelle, c'est-à-dire, est-elle un simple résultat d'une erreur fondamentale chez l'un des deux partis, et d'une vérité fondamentale chez l'autre de ces partis?

Dans le dernier cas, dans celui où l'opposition des deux partis ne serait ainsi que contingente, en ne se fondant que sur l'erreur de l'un de ces partis, cette opposition, quelque formidable qu'elle puisse être momentanément, n'aurait aucune gravité intrinsèque et n'aurait d'autre durée que celle de son erreur fondamentale. Mais, dans le premier cas, dans celui où l'opposition des deux partis serait nécessaire, en se fondant sur l'essence même de la raison humaine, elle serait de la plus haute importance, en impliquant manifestement les destinées de l'espèce humaine, et par conséquent le sort de l'humanité sur la terre. En effet, si cette opposition des deux partis est inhérente à la raison humaine elle-même, nul pouvoir des hommes ne saurait détruire l'un de ces partis, ni même donner de la prépondérance à l'autre. Et, dans ce cas, leur lutte permanente amènerait inévitablement, à côté de la destruction propre de tous les deux, ou du moins de l'un d'eux, la ruine de la civilisation.

Il faut donc, pour prévenir cette ruine imminente du monde civilisé, résoudre la grave question de cette opposition absolue des deux partis qui, dans ce moment, paraissent se partager, non seulement la domination de l'opinion, mais de plus la toute-puissance de la raison. Et c'est là le PROBLÈME FONDAMENTAL que l'humanité doit résoudre actuellement pour éviter une nouvelle chute morale, et surtout pour accomplir ses destinées sur la terre.

Nous savons bien qu'étant entraînés par les opinions respectives des deux partis, les hommes, loin de songer à la solution de ce problème de leurs destinées, ne se doutent même pas de l'existence de ce grand problème. Chacun des deux partis procède, dans sa direction, avec une pleine conviction de la vérité de ses opinions : aucun de ces partis ne conçoit encore le moindre doute sur la possibilité de son erreur. De-là vient en effet cette prestance, cette inébranlable assurance dans les prétentions respectives de chacun des deux partis; assurance qui paraît exclure jusqu'au pressentiment de l'humilité que ces partis éprouveront un jour lorsqu'ils reconnaîtront qu'ils n'ont été que les jouets d'une profonde antinomie dans la raison humaine.

Les bornes de cet écrit ne nous permettent pas de demeurer plus long-temps sur ces graves considérations. Tout ce que nous pouvons faire ici, c'est d'ébranler cette trop grande sécurité à laquelle se livrent les deux partis, en leur laissant entrevoir au moins la possibilité de leur erreur respective. Et comme nous savons que, sous l'empire absolu de leurs opinions, ils n'admettent d'autre raison que celle de leurs propres principes, c'est avec ces principes mêmes que nous allons montrer, à chacun de ces partis, l'extrême fragilité des bases sur lesquelles ils appuient respectivement, avec tant de violence, leurs prétentions exclusives.

Approfondissons d'abord le parti des indépendans, qui, comme plus jeune, est naturellement plus impatient, et mérite ainsi la préséance. — Son principe fondamental, duquel dérivent toutes ses vues, philosophiques, politiques et religieuses, est qu'il n'existe pour l'homme d'autre vérité que celle qui résulte de l'expérience, ou d'une induction fondée sur l'expérience. — Or, en admettant pleinement ce principe, nous demanderons aux indépendans si c'est aussi par l'expérience qu'ils ont établi la vérité de cet exclusif principe d'expérience? — Pour être conséquens logiquement, ils ne peuvent en effet recourir à aucun autre principe pour déduire la vérité de celui qu'ils établissent à l'exclusion de tout autre. Mais alors, leur doctrine ne serait qu'une pétition de principe, un cercle vicieux, qui ne mériterait pas tant d'efforts, de courage, de bouleversemens et de sang. Il faut donc que ce parti libéral ait encore, au fond de sa raison, d'autres vérités, d'autres principes, inconnus à lui, mais assez puissans pour lui faire établir, à son insu, la vérité de son principe d'expérience, avec l'énergie avec laquelle il en poursuit le développement. — Eh quoi! si, parmi ces principes supérieurs que le parti des indépendans est ainsi forcé d'avouer sans les connaître, il s'en trouvait qui, tout en établissant l'expérience comme principe de vérité, ouvrissent à l'homme encore d'autres voies, également sûres et peut-être même plus sûres, pour arriver à d'autres ordres de vérités, plus importantes en elles-mêmes et plus dignes de la raison? Qu'en serait-il alors de la doctrine du parti des indépendans? — Ce parti aurait, tout à la fois, et raison et tort : il aurait raison en admettant, avec tous ses corollaires, l'expérience comme principe indéfini de vérité; et il aurait tort en établissant ce principe comme principe exclusif de vérité pour l'homme.

Approfondissons maintenant le parti des royalistes, qui, comme plus sage, nous accordera sans doute plus d'attention. — Son principe fondamental, duquel dérivent aussi toutes ses vues, philosophiques, politiques et religieuses, est qu'il n'existe pour l'homme d'autre vérité que celle qui lui est communiquée par la révélation, ou qui résulte de l'interprétation théologique de la révélation. — Mais, avant tout, pour ne dépasser en rien ce principe du parti des royalistes, et pour nous renfermer ici entièrement dans les vues de ce parti, ainsi que nous nous sommes proposé de le faire, donnons quelques explications sur la manière dont nous concevons son principe, pour montrer qu'il embrasse effectivement, comme principe spéculatif, toutes les vues du parti des royalistes.

Ainsi, nous dirons que, par le mot de révélation, nous entendons la révélation intérieure que tout homme trouve au fond de son sentiment, et non la révélation extérieure ou proférée qui sert de base aux cultes religieux. Cette révélation extérieure ou proférée est précisément ce qui résulte de l'interprétation théologique de notre révélation intérieure, laquelle, sous le point de vue philosophique ou du moins logique, sous lequel il faut nous placer sans détour pour pouvoir discuter, est ainsi nécessairement, dans notre sentiment intime, le principe premier de cet ordre de vérités que reconnaît le parti des royalistes, et qui constitue un ordre de vérités révélées par le Créateur, parce que cette révélation intime, dans notre sentiment, ne sauroit être qu'un ouvrage du Créateur. Alors, l'interprétation extérieure de cette révélation intime, pour former une basé à un culte positif, lorsqu'elle est faite par l'homme, peut être vraie ou erronée, d'après les conditions de l'intelligence humaine, qui est sujette à errer; mais, cette interprétation extérieure, qui produit ainsi une révélation positive ou proférée, est nécessairement infaillible lorsqu'elle est faite par une mission divine. — De cette manière, nous embrassons manifestement toutes les opinions religieuses du parti dont il s'agit; et, loin de dépasser ses principes, nous nous plaçons ici complètement dans son propre point de vue, pour lui faire découvrir le peu de fondement de ses prétentions exclusives.

Nous ferons plus encore : nous allons démontrer la nécessité même de cette révélation intérieure que nous venons de signaler comme étant le principe de tout ordre de vérités révélées; et nous démontrerons cette nécessité d'une manière irrécusable, non-seulement pour le parti des royalistes, mais même pour le parti des indépendans, en nous servant de principes logiques communs aux deux partis. — Pour cela, il suffira de faire remarquer que cette révélation intérieure dont il est question, n'est pas déjà un système positif de vérités toutes formées, mais bien une simple RÉCEPTIVITÉ de notre intelligence pour cet ordre supérieur de vérités. Et nous prouverons facilement, pour le parti des royalistes, la nécessité de cette réceptivité de notre intelligence, en lui faisant remarquer que, sans une telle disposition préétablie dans notre raison, l'homme ne saurait concevoir les vérités d'aucune révélation positive ou proférée, pas plus que ne sauraient les concevoir les animaux qui n'ont pas cette haute disposition intellectuelle. Et nous prouverons de même avec facilité, pour le parti des indépendans, le fait incontestable de cette réceptivité supérieure de notre intelligence, en faisant remarquer à ce parti que, sans une telle disposition intellectuelle, l'homme ne saurait enfanter, par l'imagination ni par aucune autre faculté psychologique, l'idée absolue de Dieu, pour laquelle l'expérience ne lui offre point de matériaux, ni inductionnels, ni même analogiques. — Procédons maintenant à apprécier la solidité de la base sur laquelle reposent les prétentions exclusives du parti des royalistes.

En admettant pleinement le principe de révélation, que ce parti établit comme principe exclusif de vérité pour l'homme, nous demanderons également aux royalistes si c'est aussi par la révélation qu'ils ont appris à connaître la vérité de ce principe de révélation? En effet, comme les libéraux, pour être conséquens logiquement, les royalistes ne peuvent recourir à aucun autre principe pour déduire la vérité de celui qu'ils établissent à l'exclusion de tout autre. Et alors, quelque sacré que soit le caractère de la révélation, leur doctrine ne saurait non plus échapper au vice d'une pétition de principe, ou d'un simple cercle logique, qui, à son tour, ne mériterait pas tant de sacrifices, de vertus, de persécutions et d'auto-da-fé. Il faut donc également que le parti des royalistes ait en outre, au fond de son intelligence, d'autres vérités, d'autres principes, inconnus à lui, mais assez puissans pour lui faire établir, à son insu, la vérité de son principe de révélation, avec la force morale avec laquelle, à son tour, il en poursuit le développement. Et pour nous expliquer ici davantage, nous ferons remarquer que, pour établir le principe de révélation, intérieure ou même extérieure, il faut absolument s'appuyer sur un autre principe, supérieur ou inférieur, comme on voudra, mais propre à faire reconnaître à l'homme l'autorité de la révélation, parce que, sans un tel principe de spontanéité intellectuelle dans l'homme, l'établissement du principe de révélation ne saurait avoir, ni logiquement aucune vérité quelconque, ni même moralement aucun mérite quelconque. — Eh quoi! si, parmi ces principes spontanés de l'homme, que le parti des royalistes est ainsi forcé d'avouer sans les connaître, il s'en trouvait aussi qui, tout en établissant la révélation comme principe de vérité, ouvrissent à l'homme encore d'autres voies, également sûres et peut-être même d'une conviction plus universelle, pour arriver à l'accomplissement de cet ordre supérieur de vérités, en transformant la simple croyance, qui leur est attachée par la révélation, en une certitude absolue, plus impérative pour la raison? Qu'en serait-il alors de la doctrine du parti des royalistes? — Ce parti aurait également, tout à la fois, et raison et tort: il aurait raison en admettant, avec tous ses corollaires, la révélation comme principe indéfini de vérité; et il aurait tort en établissant ce principe comme principe exclusif de vérité pour l'homme.

Nous craignons beaucoup que ces hautes considérations philosophiques ne soient encore au-dessus de la portée intellectuelle de nos contemporains. Aussi, ne faisons-nous qu'une espèce d'essai de cet ordre de considérations, pour voir si, par son développement progressif, la raison humaine est déjà parvenue au degré de maturité où de si grandes vérités peuvent l'intéresser. C'est d'après l'issue, heureuse ou malheureuse, de cet essai que nous réglerons la production ultérieure d'un tel ordre de vérités.

Mais, si des considérations pareilles devaient encore échapper à la raison de nos contemporains, ils sentiront au moins cette espèce de surprise, pour ne pas dire davantage, que produisent les deux partis politiques lorsque l'on compare leurs tendances finales avec la sublime vocation de l'homme, telle qu'il la ressent au fond de sa propre conscience. En effet, l'un et l'autre partis professent une ignorance finale de toute vérité absolue; l'un et l'autre s'appuient sur l'impossibilité où ils prétendent que l'homme se trouve lorsqu'il veut découvrir la vérité. Le parti des indépendans renie à l'homme, non-seulement la faculté de reconnaître les principes absolus du monde moral, auxquels se rattache son immortalité, mais il lui renie même la faculté de reconnaître les principes absolus du monde physique : ainsi, il affirme positivement que l'homme ne pourra jamais connaître l'essence intime de la matière, de la lumière, etc., etc.; parce que l'expérience, cette unique voie de la vérité, ne peut atteindre jusqu'à l'essence intime des choses. Et le parti des royalistes renie à l'homme, non-seulement la faculté de reconnaître les principes absolus du monde physique, auxquels cependant se rattache son expiation terrestre, mais il lui renie de plus la faculté de reconnaître les principes absolus du monde moral : ainsi, il affirme tout aussi positivement que l'homme ne pourra jamais connaître l'essence intime de Dieu, les conditions de sa propre immortalité, etc., etc.; parce que, dans l'état de chute morale où se trouve l'espèce humaine, il ne lui est pas donné de connaître la vérité, après laquelle l'homme court si ardemment. Or, c'est avec cette prétention d'une ignorance finale, prétention funeste qui est la seule chose que les deux partis aient de commun entre eux, et qui forme ainsi leur véritable caractère aux yeux d'une raison supérieure, c'est avec cette prétention d'ignorance absolue, disons-nous, que les deux partis argumentent sur les destinées de l'homme, et se combattent à outrance pour le conduire exclusivement vers l'accomplissement de ces destinées. — N'y aurait-il pas là, sans parler d'une manifeste déraison, une légère teinte de ridicule, si l'on pouvait rire à l'aspect du sang et de l'auto-da-fé?

Quels que soient au reste l'intérêt et la conviction que nous parviendrons ici à transmettre à nos contemporains sur ces graves questions, nous en aurons au moins dit assez pour être fondés, même devant leur propre raison, à déplorer et à flétrir les coupables excès auxquels se livrent les deux partis, surtout dans leurs influences politiques. — Détournons nos regards de ces scènes ensanglantées qui, plus d'une fois, ont été le résultat fatal de l'existence des deux partis : respectons ces malheurs comme des conséquences inévitables de cette providentielle antinomie de la raison, sur laquelle se fondent de si terribles oppositions sociales. Mais, armons-nous contre ces vociférations journalières, qui, sous les drapeaux des deux partis, abusant de l'ignorance qui légitime encore leur existence, attaquent, avec autant de véhémence que d'imposture, des portions individuelles de la société et même des hommes isolés, et ne font ainsi que porter la douleur dans le sein des familles, sans avancer en rien les fins providentielles de cette grande scission de l'humanité.

Pour flétrir à jamais ces coupables clameurs de parti, il suffira de détacher du problème fondamental de l'humanité actuelle, de celui que nous avons fixé plus haut, le problème spécial de la politique moderne, et de proposer la solution de ce décisif problème à ces hommes qui, possédés d'un esprit de vertige par la prétendue vérité de leurs partis, croient ne devoir plus rien respecter. Comme une autre tête de Méduse, ce fatal problème pétrifiera la raison de tous ceux qui, parmi les hommes dont il s'agit, en ont encore conservée. — Nous allons leur proposer ce problème.

Dans l'exposition que nous avons donnée plus haut des opinions politiques des deux partis, telles qu'elles résultent respectivement de leurs principes théoriques et fondamentaux, nous avons vu que le parti des libéraux tend vers l'individualisation de l'autorité souveraine dans chacun des membres de la société politique, en se fondant juridiquement sur ce qu'il ne peut exister de droit de coërcition autrement que par une convention mutuelle des hommes; et que le parti des royalistes tend, au contraire, vers l'universalisation de l'autorité souveraine dans un seul membre de cette société, en se fondant juridiquement sur ce qu'il ne peut exister de droit de coërcition autrement que par une législation divine. — Ainsi, les principes politiques des deux partis sont, en résumé, pour les indépendans, que la souveraineté des États provient des hommes; et pour les royalistes, que cette souveraineté provient de Dieu.

Jusque-là, nous n'apprenons rien de nouveau: nous n'avons fait que classer méthodiquement ces vues opposées des deux partis, en les subordonnant à leurs principes théoriques et fondamentaux. Mais, d'après ce que nous avons déjà fait entrevoir dans cet écrit, il se présente ici une question tout-à-fait nouvelle: il s'agit de savoir, non pas lequel des deux partis a raison, parce qu'ils ont incontestablement raison tous les deux et au même degré, mais bien comment une telle contradiction nécessaire, une telle antinomie de la raison peut subsister en elle-même, et quel est alors le mot sublime de cette énigme de la création; où sont cachées les véritables destinées de l'espèce humaine?

C'est là le PROBLÈME FONDAMENTAL DE LA POLITIQUE MODERNE; et c'est la solution de ce problème, si décisif pour nos destinées absolues, que nous proposons ici aux hommes qui veulent gouverner le monde.

Que l'on ne s'imagine pas, pour échapper à la pétrifiante irrésolution où ce problème jette d'abord la raison humaine, que nous avançons ici gratuitement l'assertion de ce que les deux partis ont raison au même degré, dans toutes leurs vues, théoriques et pratiques, et par conséquent dans leurs principes politiques dont il s'agit de résoudre l'inconcevable antinomie. Cette assertion est déjà prouvée pleinement dans cet écrit même, du moins pour celui des deux partis qui seul pouvait, jusqu'à ce jour, se refuser à la reconnaître. En effet, autant que nous l'ont permis les bornes de cet écrit, nous avons déduit respectivement, des seuls principes fondamentaux des deux partis, toutes leurs vues, spéculatives et morales, et nous avons fait reconnaître irrécusablement, aux deux partis, la vérité de ces principes fondamentaux, tels qu'ils leur sont opposés. Ainsi, nous avons fait reconnaître, au parti des indépendans, la vérité irrécusable du principe de révélation que professe le parti des royalistes, en prouvant que ce principe se fonde tout simplement sur la réceptivité de notre intelligence pour les idées absolues;

réceptivité qui est un fait incontestable, avéré par l'expérience même qui est le principe des indépendans. Et si nous n'avons pas fait reconnaître tout aussi explicitement, au parti des royalistes, le principe d'expérience que professe le parti des indépendans, c'est qu'il n'en nie nullement la vérité, ni ne saurait la nier sans choquer le sens commun : tout ce que le parti des royalistes nie à cet égard, c'est que le principe d'expérience ne peut conduire aux vérités supérieures que ce parti déduit de son principe de révélation; et, sur ce point, loin de prétendre le contraire, le parti des indépendans, en n'admettant pas d'autre principe de vérité que celui de l'expérience, refusait précisément de reconnaître cet ordre de vérités que professe le parti des royalistes. Toute la question était donc en ce que le parti des indépendans refusait de reconnaître le principe de révélation de son parti opposé; et c'est cette question qui, ce nous semble, vient d'être décidée irrécusablement dans cet écrit, autant du moins que ses limites nous ont permis de le faire. — Ceux qui, pour suppléer à ce que nous n'avons pu dire dans ces limites, chercheront d'eux-mêmes à approfondir davantage cette incontestable dualité de principes dans notre intelligence, trouveront que c'est effectivement par ces deux voies, l'expérience et la révélation intime, que se manifeste à l'homme, avec une égale clarté, la double réalité du monde, c'est-à-dire, la réalité temporelle ou relative, et la réalité éternelle ou absolue; et ils reconnaîtront ainsi que ces deux principes de vérité, l'expérience et la révélation intime, sont, l'un et l'autre, aussi incontestables que le sont la réalité relative et la réalité absolue du monde.

Il ne peut donc plus être question de la suprématie de l'un des deux partis, par le degré plus élevé de vérité qui se trouverait dans les vues de ce parti. Leurs principes fondamentaux sont également vrais, et par conséquent toutes leurs vues, spéculatives et morales, qui, comme nous l'avons déjà remarqué, dérivent immédiatement de leurs principes respectifs, sont aussi vraies chez l'un que chez l'autre de ces partis. Ainsi, leurs vues politiques, qui, d'après ce que nous avons vu plus haut, se résument en ce que le parti des libéraux prétend que la souveraineté des États provient des hommes, et que le parti des royalistes prétend que cette souveraineté provient de Dieu, ces vues politiques, disons-nous, sont également fondées; et, à cet égard, comme pour toutes leurs autres vues, les deux partis ont également raison.

Il ne reste donc, pour sauver l'humanité de son péril actuel, qu'à résoudre cette inévitable contradiction, cette antinomie qui est impliquée dans l'intelligence humaine, afin de s'élever, par cette décisive solution, aux véritables destinées que, sur cette seule voie sans doute, le Créateur a pu fixer aux êtres raisonnables. — Et c'est là, nous le répétons, le problème fondamental de la politique moderne.

Or, quel est l'homme insensé qui, après avoir approfondi ces difficiles conditions de nos destinées, voudrait encore faire triompher l'un des deux partis par la ruine de l'autre, et qui voudrait ainsi replonger l'humanité dans le péril dont nous venons de l'arracher, en indiquant si positivement l'unique voie de son salut? Et quel est surtout l'homme assez téméraire pour oser alors se livrer encore aux coupables excès de l'un des deux partis, pour insulter impunément à l'honneur des individus qui appartiennent à l'autre parti? — L'ignorance la plus profonde ou la mauvaise foi la plus insigne pourraient seules expliquer un si monstrueux phénomène moral; et de tels hommes n'obtiendraient certainement, pour prix de leurs homicides efforts, que la pitié ou le mépris publics; du moins lorsque le public aura lui-même ressenti ces hauts intérêts.

Sans doute, avant que la solution du grand problème que nous venons de fixer, ne soit donnée, nulle mesure positive ne pourra être arrêtée pour diriger définitivement l'humanité vers l'obtention de ses destinées. Mais, la fixation présente de ce problème suffit déjà, si l'on veut bien l'approfondir, pour arrêter au moins des mesures négatives, c'est-à-dire, des mesures propres à prévenir que l'humanité ne soit empêchée dans son développement progressif, qui peut la conduire à la solution de ce décisif problème.

Ainsi, parmi ces mesures négatives, la principale sera manifestement que les deux partis politiques soient considérés comme étant parfaitement d'une égale importance, et par conséquent, qu'aucun de ces partis ne soit sacrifié à l'autre dans aucune de ces vues spéciales. Sans doute, cette répression publique des prétentions exclusives de chacun des deux partis, car c'est en cela que consistera la mesure principale dont il s'agit, ne garantira nullement un succès certain dans les progrès de l'humanité pour arriver à la solution finale de son problème actuel, parce qu'alors cette mesure serait déjà une véritable mesure positive, propre à conduire directement l'humanité à ses destinées ; ce qui n'est pas possible avant la solution du problème qui doit les dévoiler. Mais, cette répression des prétentions exclusives des deux partis, quelque périlleuse qu'elle soit même à d'autres égards, par des raisons que nous ne pouvons exposer ici, offre certainement, daus un équilibre parfait des deux partis, le plus de chances pour l'issue heureuse de la terrible lutte de ces partis.

Nous regrettons de n'avoir pas ici assez d'espace pour développer le système entier de ces mesures négatives, dont nous venons de signaler la principale. Nous le regrettons d'autant plus que ce système de mesures négatives, tel qu'il résulte manifestement de la fixation présente du problème de nos destinées, est de la plus haute urgence dans les conditions actuelles de l'humanité, et peut seul donner une validité péremptoire ou un sens absolu aux mesures provisoires qui, sous le nom de *gouvernement représentatif*, ont été pressenties comme indispensables dans ces difficiles conditions de l'humanité actuelle. — Nous regrettons surtout de ne pouvoir appliquer ici ces mesures négatives à l'interprétation absolue des grands évènemens de la révolution française, et de ceux de la restauration qui l'a terminée si glorieusement. Nous y aurions trouvé des données et des règles positives pour reconnaître, dans ces grands évènemens, les égards qui, au même degré, sont dus aux deux partis; et nous y aurions vu comment, dans la Charte de Louis XVIII, qui a couronné ces évènemens en reconnaissant, par cet acte solennel, fait en présence de l'Europe armée, non les moyens horribles, mais les fins sacrées de cette sanglante révolution, si décisive pour le monde civilisé, nous y aurions vu, disons-nous, comment, dans cette Charte auguste, se trouve sagement établi ce juste équilibre des deux partis, constituant la principale des mesures négatives que nous venons d'indiquer comme résultant déjà du simple problème actuel des destinées humaines.

Cependant, pour donner au moins un exemple, nous devons appliquer ici ces vues nouvelles à l'interprétation de certains évènemens excentriques, postérieurs à la restauration, et dont le sens, plus difficile à saisir, échappe volontiers à ceux qui, sous les drapeaux des partis, cherchent à diffamer impunément des hommes respectables dont ils redoutent l'intégrité. Nous voulons parler des évènemens des cent-jours, dont on vient d'abuser, avec autant de perversion que d'impudeur, pour accabler l'un des membres du ministère actuel, par la seule raison que l'on attribue à ce ministère l'intention de saper les fondemens sur lesquels repose l'existence légale du parti des indépendans.

Sans doute, si un ministère quelconque pouvait avoir des intentions si coupables, en ce qu'elles porteraient atteinte à la loi fondamentale de la France, il mériterait grandement la réprobation publique; ou plutôt, d'après ce que nous venons de dire sur l'indestructible existence de l'antinomie sociale, un tel ministère ne mériterait que la pitié publique, parce que, en outre de l'immoralité de son but, il voudrait entreprendre une chose absolument impossible. D'ailleurs, lors-même qu'on ne connaîtrait pas encore les conditions absolues de cette indestructible antinomie, un tel but, que nous sommes loin de supposer au ministère actuel, serait tout-à-fait contraire à la terrible expérience que présente la révolution, surtout en ne perdant pas de vue que cette révolution n'a été terminée par rien autre que par l'acte solennel de cette loi fondamentale à laquelle il s'agirait de porter atteinte : tant d'imprudence ne saurait être supposé chez des hommes si éclairés. Mais, dans aucun cas, pour repousser une telle atteinte, il ne serait permis au parti des indépendans de méconnaître, à son tour, l'existence légale du parti des royalistes, en ne cherchant à interpréter les évènemens des cent-jours que sous le point de vue de son propre parti, pour accabler quelque membre du ministère qui aurait pris une part quelconque à ces évènemens. Les conséquences d'une telle interprétation exclusive des circonstances des deux partis seraient extrêmement graves, si, sous le nouveau point de vue auquel il faut enfin ramener la politique par son problème fondamental, de telles interprétations exclusives ne cessaient heureusement d'avoir aucun sens quelconque, comme nous allons le voir.

Il n'y a personne qui n'ait encore présent tout ce qui s'est passé dans les cent-jours, et qui ne sache que la prétendue légalité de ces évènemens commence avec l'Acte additionnel aux Constitutions de l'Empire, considéré comme étant émané de la souveraineté du peuple, et finit avec la bataille de Waterloo, considérée comme étant décidée par la toute-puissance de Dieu. On sait de plus, par la proclamation du 25 juin, et surtout par les instructions des plénipotentiaires envoyés auprès des puissances étrangères*, quel a été le but politique de ces évènemens des cent-jours. On sait enfin que tout cela se passa après que l'équilibre des deux partis fut solennellement établi par la Charte de Louis XVIII, et que cette Charte devint, sinon l'unique, du moins la principale condition tacite de la cessation des hostilités de la part des puissances européennes, à l'époque de la restauration. Or, ce sont ces évè-

---

* Ces instructions portaient que « le premier et le plus « solide gage que les alliés puissent donner à la nation « française de leur intention de respecter son indépen- « dance, est de renoncer sans réserve à tout projet de la « soumettre de nouveau au gouvernement de la famille « de Bourbon. »

nemens qu'il s'agit d'interpréter sous le point de vue d'une indestructible antinomie sociale, afin de leur attacher un sens absolu ou indépendant des vues exclusives des deux partis.

Avant de procéder à cette interprétation absolue, pour mieux en faire ressortir la nécessité, voyons d'abord la manière dont les deux partis interprètent respectivement, sous leurs points de vue relatifs, ces mêmes circonstances des cent-jours. Et pour ne pas nous trop éteudre ici, bornons-nous aux seules circonstances de la bataille de Waterloo, et spécialement à la prétendue défection du général Bourmont, que nous avons déjà signalée plus haut comme ayant fourni récemment, à quelques indépendans outrés, le sujet d'expressions tellement véhémentes que le mépris devait être, de la part de l'homme si injustement attaqué, la seule réponse moralement possible. Mais, pour suivre à cet égard le noble exemple du comte de Bourmont, faisons ici abstraction de toutes considérations personnelles, et, renfermés dans notre sphère purement didactique, n'envisageons cette question que comme une simple question historique.

Or, la seule pièce documentale que les indépendans aient produite et commentée dans cette circonstance, c'est un ordre du jour de l'armée, qui, dans ces temps-là, fut inséré dans le *Moniteur*. Le voici :

« Ordre du jour. — Charleroi, 13 juin, 1815,
« au soir. »

« Le général Gérard a rendu compte que le lieu-
« tenant-général Bourmont, le colonel Clouet et
« le chef d'escadron Villontreys, sont passés à
« l'ennemi; le major-général a ordonné qu'ils
« fussent jugés sur-le-champ conformément aux
« lois. L'armée regarde comme un évènement heu-
« reux la défection de ce petit nombre de traî-
« tres qui se démasquent ainsi. »

Voyons maintenant la manière dont les deux partis peuvent interpréter et ont effectivement interprété cette pièce documentale. Mais, pour abréger le plus possible de si funestes et de si pénibles discussions, résumons-les sous la forme d'un dialogue entre un indépendant et un royaliste, forme sous laquelle elles se présentent réellement entre les journaux. — Les voici :

L'indépendant. — Le comte de Bourmont est un traître, comme le dit l'ordre du jour.

Le royaliste. — Ce sont ceux qui ont donné et reçu cet ordre du jour qui sont des traîtres, puisque, rompant le serment de fidélité qu'ils avaient fait au Roi, ils ont passé sous des drapeaux ennemis du Roi.

L'indép. — Ils ont passé sous les drapeaux de la nation, qui, en vertu de la souveraineté qui lui appartient, avait le droit de délier l'armée d'un serment fait à un Roi qu'elle repoussait.

Le royal. — Cette partie de la nation, et non la nation entière, qui, en produisant l'Acte additionnel, prétendait faire un acte souverain, n'a fait proprement qu'un acte de rébellion, parce que la souveraineté de l'État appartient exclusivement au Roi.

L'indép. — Dans cet état de dénégation réciproque sur l'origine de la souveraineté, notre discussion serait interminable sous le point de vue politique. Mais, vous ne pouvez nier que, sous le point de vue militaire, le général Bourmont, en passant à l'ennemi, ne soit, tout à la fois, et traître et déserteur.

Le royal. — Je ne vois pas d'abord comment on peut envisager l'honneur de deux manières différentes... Mais, pour vous montrer que vous n'avez pas raison, je consens à me placer dans tel point de vue qu'il vous plaira. Ainsi, sous le point de vue militaire, auquel vous êtes forcé d'avoir recours, je vois, en outre de la légalité politique d'abandonner une armée rebelle, un dévouement honorable de la part du général Bourmont, en risquant sa vie pour donner, à cette armée égarée, un éclatant exemple de fidélité, qu'elle aurait dû suivre pour l'honneur du nom français et pour sa propre gloire.

L'indép.—Mais, le général a passé à l'ennemi.

Le royal.— L'ennemi de l'armée de Waterloo était l'allié du Roi de France: le dernier des soldats savait très-bien que cet ennemi n'avait d'autre but que celui de rétablir le Roi de France dans ses droits indestructibles. Le général Bourmont a donc quitté une armée rebelle pour se rendre auprès de son souverain légitime.

L'indép.—Mais, il a livré à l'ennemi les plans de campagne.

Le royal. —Malheureusement, il n'a pu les

livrer, parce qu'il n'en existait plus : le combat de Ligny a fait changer les plans, et l'issue de la bataille de Waterloo prouve que rien n'a été prévu. Mais, si le général Bourmont avait pu livrer les plans des rébelles, il n'aurait fait que son devoir; car, s'il existe un reproche à faire à ce général, c'est de n'avoir pas accompli son généreux dévouement, en ramenant à son Roi la troupe qu'il avait sous ses ordres.

L'indép. — Quoi que vous en disiez, vous ne pouvez contester que le général Bourmont n'ait trahi les sermens qu'il a faits à Napoléon.

Le royal. — Je vous ai déjà fait sentir qu'il n'existe de trahison que là où l'on rompt des serments légitimes pour suivre des buts illégitimes. J'y ajouterai qu'il est du devoir de tout homme d'honneur de rompre des sermens illégitimes, c'est-à-dire, ceux dont le but est immoral; et cela dès le moment qu'il reconnaît cette immoralité, quelles qu'aient été les circonstances sous lesquelles il a fait ces sermens, et quelle qu'en soit déjà la durée. Persister dans une parole donnée, ou même dans un serment fait solennellement, lorsqu'on reconnaît que le but de cette parole ou de ce serment est immoral, c'est le comble de l'immoralité et par conséquent le comble du déshonneur, puisqu'on fait ainsi servir la morale elle-même de moyen à un but immoral, c'est-à-dire qu'on fait ainsi servir son prétendu caractère moral au but indigne de faire prévaloir l'immoralité. . . . .

L'indép.—Vous ne pouvez au moins nier que le général n'ait déserté.

Le royal.— Vous vous trompez : on déserte des drapeaux légitimes et non ceux de la rébellion. On quitte ces derniers sans formalités : et, à cet égard, le général Bourmont a l'avantage spécial d'avoir donné, par cet éclatant dévouement à son souverain, un double exemple, et pour l'armée qu'il quittait ainsi, et dans laquelle cet acte de fidélité a jeté l'indécision, comme le prouve l'ordre du jour qui cherche à relever les esprits, et surtout pour toute autre armée qui jamais pourrait être placée dans de semblables circonstances.

L'indép.—Mais, tout en défendant vos principes politiques, vous devez comprendre que, si d'autres généraux avaient suivi cet exemple, l'ennemi aurait pu supposer qu'il les a intimidés. Et d'ailleurs, un tel exemple, s'il devenait règle, rendrait précaire tout commandement d'une armée, puisque le général en chef ne pourrait alors compter sur ses lieutenans.

Le royal.—L'armée française avait donné trop de preuves de son intrépidité, pour qu'aucun ennemi se permît, à son égard, un tel soupçon. —Et quant à la règle que vous redoutez, et qui ne pourrait être valide que pour des occasions pareilles, il est au contraire à désirer qu'elle soit établie, d'une manière positive, pour rendre à jamais précaire le commandement en chef d'une armée qui combat contre son souverain.

L'indép.— Pensez-vous que, s'il n'existe d'autres

moyens de légitimer la défection du général Bourmont, l'armée, qui se trouve ainsi pour le moins dans un jour peu favorable, verra avec plaisir la nomination de ce général au ministère de la guerre.

Le royal. — J'ai une trop haute idée de l'armée française pour pouvoir craindre ou même supposer qu'un tel exemple de fidélité puisse produire chez elle d'autres sentimens que ceux de l'estime.

L'indép. — Cependant, on dit que plusieurs officiers ont donné leur démission.

Le royal. — Le fait n'est pas exact. — Mais, s'il se trouvait réellement, dans notre armée, des officiers incapables de tels sentimens, cela ne pourrait être que par suite de leurs opinions politiques; et alors, la nomination de M. de Bourmont aurait en outre l'avantage de purger l'armée d'hommes pour qui la fidélité à leur souverain n'est pas respectable.

L'indép. — Mais, sans donner leur démission, quelques officiers généraux et supérieurs pourraient contrarier les vues d'un tel ministre de la guerre.

Le royal. — Ils se feraient remarquer; et ce serait aussi un avantage pour le Roi.

L'indép. — Et si des généraux faisaient, à cet égard, d'humbles remontrances à Sa Majesté?

Le royal. — Quels généraux? Ceux qui ont combattu pour Napoléon?...

L'indép. — Enfin, si des adresses publiques, des pétitions aux Chambres, ou même des troubles civils venaient à exprimer au Roi la volonté de la nation?

Le royal. — Vous savez que, lorsqu'on a voulu persuader à Charles X que la monarchie ne pouvait plus exister que d'après le vœu du parti de la révolution, le Roi a répondu : « Si je n'avais que cette « alternative, j'aimerais encore mieux être un roi « exilé qu'un roi avili. » Et vous pouvez être convaincu que, si les circonstances extrêmes auxquelles vous faites allusion, pouvaient jamais revenir, circonstances dont nous sommes heureusement très-loin aujourd'hui, Charles X préférerait partager le sort glorieux de Louis XVI, plutôt que d'avilir la royauté dans sa personne, en cédant aux prétentions exclusives de la révolution.

Voilà les funestes extrémités auxquelles les deux partis sont forcés d'aboutir dans toutes leurs discussions, en demeurant, l'un et l'autre, dans leurs points de vue respectifs, où l'on ne peut découvrir la vérité que d'un seul côté. Nous pouvons nous dispenser de relever la gravité des conséquences qui, tôt ou tard, et sans cesse, résulteraient de telles extrémités.

Plaçons-nous maintenant sous le point de vue absolu de notre problème fondamental, qui, en reconnaissant l'égalité des droits dans l'existence des deux partis, c'est-à-dire, l'égalité des raisons dans leurs principes et dans leurs conséquences respectifs, demande l'explication politique de cette nécessaire contradiction sociale, de cette antinomie de la raison humaine. Et, suivant le sens des mesures négatives qui résultent déjà de la simple fixation de ce problème, avant même que sa solution ne soit donnée aux hommes, ainsi que nous l'avons déjà remarqué plus haut, voyons, d'après l'esprit de ces mesures négatives, quel est le sens absolu que l'on peut déjà attacher aux évènemens des cent-jours, du moins à leurs circonstances principales que nous avons signalées.

D'abord, pour que la double origine de la souveraineté, humaine et divine, sur laquelle repose actuellement toute antinomie politique, puisse subsister au même degré, comme le postule notre problème, la légitimité des rois en devient une condition indispensable, parce que, sans cette légitimité, qui garantit l'inviolabilité de la succession, l'influence divine dans l'existence de la souveraineté n'aurait aucune expression corporelle. Ainsi, les droits des Bourbons au trône de France sont indestructibles; et par conséquent, le but politique des évènemens des cent-jours, but qui était de changer la dynastie, était illégal.

Ensuite, pour que cette double origine de la souveraineté, humaine et divine, puisse recevoir son plein effet juridique, un parfait équilibre entre les droits des deux partis est une conséquence nécessaire, parce que, sans un tel équilibre, qui garantit aux hommes la liberté politique, l'influence humaine dans l'existence des États n'aurait, à son tour, aucune expression corporelle. — Or, comme nous l'avons déjà dit, cet équilibre des droits des deux partis est précisément l'objet principal de la Charte de Louis XVIII. Cette Charte établit donc péremptoirement tout ce que l'on a droit d'exiger aujourd'hui ; et elle remplit ainsi complètement les vœux de la révolution, autant que ces vœux sont légitimes, c'est-à-dire, autant que ces vœux se bornent à l'égalité des droits des deux partis, et ne cherchent pas le triomphe exclusif de l'un de ces partis par la destruction de l'autre. Bien plus, sans être un véritable contrat synallagmatique, ce qui porterait atteinte à l'influence divine dans la souveraineté, cette Charte auguste en a déjà le caractère, autant qu'il est nécessaire pour ne pas porter atteinte à l'influence humaine dans la souveraineté. En effet, la Charte de Louis XVIII est une véritable conquête de la nation ; non sur son Roi, ce qui est impossible juridiquement, parce que le sujet doit obéir au souverain, et ne peut, dans aucun cas, forcer le souverain à une transaction quelconque ; mais sur l'Europe armée, qui a considéré cette Charte, octroyée librement par le Roi de France, comme un accomplissement des vœux légitimes de la révolution, et par conséquent comme une garantie de la paix publique. Ainsi, cette Charte purement française, qui a tous les caractères de la légitimité, et même une garantie européenne, rend illégales, par le fait même de son existence, toute atteinte qu'on voudrait lui porter, et encore plus toute tentative que l'on ferait pour l'abolir ; n'importe duquel des deux partis viendrait cette atteinte ou cette tentative. Et par conséquent, l'abolition de cette Charte dans les cent-jours était, non-seulement un acte illégal envers la France, mais de plus une provocation illégale envers l'Europe.

Enfin, de cette double illégalité dont se trouvent entachés et le but et le moyen dans les évènemens des cent-jours, il résulte immédiatement que ceux qui étaient moteurs de ces évènemens, étaient en état de rébellion ; mais, comme cette double illégalité se trouve ici fondée principalement sur l'existence indestructible de l'antinomie des deux partis, existence qui n'était pas reconnue publiquement à l'époque des cent-jours, l'ignorance de l'égalité des droits des deux partis ne peut être imputée juridiquement comme délit à aucun de ces partis. Ainsi, dans la ferme opinion que la souveraineté appartient exclusivement à la nation, opinion que rien ne pouvait réfuter alors, le parti des indépendans, qui est l'auteur de ces évènemens, croyait agir avec légalité; et par conséquent, le délit de rébellion ne peut lui être imputé. Par là même, l'armée, qui a partagé les vues du gouvernement et du parti dominant de cette époque, ne saurait non plus être qualifiée d'armée rebelle; et l'honneur demeure ainsi intact à cette armée couverte de tant de gloire. Cependant, cette ignorance de la vérité, qui suffit complètement pour repousser toute imputation de rébellion, ne saurait détruire la vérité elle-même; et par conséquent, ceux qui, suivant l'opinion de l'autre parti, également fondée, auraient quitté l'armée pour passer auprès de leur souverain légitime, auraient agi tout aussi honorablement.

En terminant cet écrit, nous devons fixer l'état présent de la question grave que nous y avons élevée, et signaler les résultats inévitables qui en dérivent déjà dans cet état actuel.

Or, pour ce qui concerne d'abord la déduction didactique de l'antinomie sociale, qui est l'objet de cette question, nous convenons qu'elle ne forme encore explicitement qu'une espèce de déduction historique; et cela à dessein pour rendre ici populaire cette haute antinomie de la raison humaine. Cependant, ayant signalé et même démontré, comme faits psychologiques, les principes respectifs de cette antinomie des deux partis, nous avons déjà donné implicitement la déduction psychologique elle-même de cette fatale antinomie. Bien plus, nous avons déjà indiqué, dans la double réalité du monde, temporelle ou relative, et éternelle ou absolue, les principes inconditionnels de cette inconcevable et indestructible dualité dans la raison de l'homme.

Ainsi, cette grande question de l'antinomie sociale, dont la simple fixation présente, envisagée dans ses conséquences légales, suffit déjà pour prémunir l'humanité contre le péril imminent où la jette aujourd'hui la lutte interminable des deux partis, cette grande question, disons-nous, se trouve déjà arrêtée ici jusque dans ses conditions absolues. Il ne reste donc qu'à développer, d'une manière didactique et explicite, ces hautes conditions que nous n'avons pu que signaler dans les bornes de cet écrit. Et c'est ce que nous sommes prêts à faire, si la raison de nos contemporains peut concevoir l'intérêt que l'homme doit attacher à cet ordre de vérités.

Pour ce qui concerne ensuite les résultats inévitables qui dérivent déjà de l'état auquel nous venons de porter ce décisif problème de l'humanité, il est incontestable que, lors même que l'on ne pourrait encore approfondir ses conditions absolues, on ne saurait, au point où se trouve déjà la culture intellectuelle des hommes, méconnaître entièrement ce nouvel ordre de réalités, cette perspective d'un avenir si glorieux pour l'espèce humaine. Ainsi, le moindre résultat que nous ayons droit d'attendre de la vérité que nous dévoilons aux hommes, c'est une sage réserve substituée à la fureur actuelle des deux partis, un doute philosophique et une espèce de scepticisme politique dans les opinions si tranchantes de ces partis. Et ce droit à une sage modération des sectateurs outrés des deux partis, comme résultat inévitable du problème actuel de nos destinées, est même tellement fondé que nous ne craignons pas d'être démentis par le fait, en établissant ici, comme critérium d'une intelligence supérieure, cette modération ou ce scepticisme politique, qui, dans le présent état de cette question, est la seule chose raisonnable.

Nul doute que quelques beaux-esprits ou quelques énergumènes de l'un ou de l'autre parti, qui ne sauront même pas concevoir de quoi il s'agit, s'élèveront, avec leur présomption accoutumée, contre ce nouvel ordre de vérités. Mais, de pareils hommes ne peuvent compter ici, car la science ne saurait être dégradée au point de laisser approcher de son sanctuaire des hommes qui ne voient, dans l'intelligence humaine, rien autre que des phrases, ou dans la raison de l'homme, rien de plus que des violences. Aussi, autant nous mettrons d'empressement à seconder ceux dont les moyens intellectuels leur permettront d'aborder de si hautes questions, autant nous nous verrons fondés à ne pas faire attention à ceux qui, sans aucune vocation intellectuelle, et sans aucune instruction positive, voudraient se mêler de ces sommités de la science. Et quant aux invectives, injures, et toutes autres personnalités, auxquelles notre mission présente de dévoiler la vérité nous donne le triste droit de nous attendre de la part de ces mêmes hommes, nous ne pouvons mieux leur faire sentir d'avance l'effet qu'elles produiront sur nous, qu'en leur faisant remarquer à eux-mêmes leur absolue nullité intellectuelle, prouvée par l'incapacité où ils sont d'approfondir en rien ces mêmes vérités qui probablement exciteront leur pitoyable courroux.

Heureusement, malgré leurs prétentions, ces hommes-là n'ont aucune influence réelle ou durable sur le sort de l'humanité. C'est aux hommes éclairés, à qui seuls nous pouvons raisonnablement adresser cet écrit, qu'appartient la noble tâche d'agir sur leurs contemporains pour les diriger vers le saint but de la création.

Mais, c'est surtout de la part des hommes d'État, à qui les destinées de l'humanité sont expressément confiées, que nous avons le droit de nous attendre à cette sage modération, à ce scepticisme politique dans les vues des deux partis, qui est actuellement la moindre chose raisonnable résultant des vérités que nous venons de démontrer. Pour leur faire sentir la haute responsabilité qu'ils assument dans leurs fonctions élevées d'hommes d'État, il suffira sans doute de leur prouver que les lumières actuelles n'éclairent pas encore le but auquel ils sont chargés de conduire l'humanité. Et nous pouvons maintenant leur donner cette preuve, de la manière la plus positive, en les invitant à essayer de résoudre le grand problème politique de l'antinomie sociale, que nous avons fixé dans cet écrit, et dont la solution peut seule faire connaître les véritables destinées de l'homme, ce but inconnu qu'ils prennent la responsabilité de découvrir, et duquel seul ils tirent d'avance, comme hommes d'État, tout leur éclat et toutes leurs grandeurs humaines. L'impossibilité où ils se trouveront malheureusement de résoudre ce décisif problème, qui sera désormais le critérium public de la validité de leur haute considération sociale, parce que c'est sur ce problème que repose incontestablement toute la politique moderne, intérieure et extérieure, cette fatale impossibilité, disons-nous, où ils se trouveront immanquablement, sans pouvoir se la dissimuler à eux-mêmes, leur prouvera combien il serait déraisonnable, pour ne pas dire criminel, de se livrer à leurs lumières, et de hasarder ainsi, d'après leurs propres opinions, le sort de l'un des deux partis, en portant atteinte, d'une manière quelconque, à la parfaite égalité des droits respectifs de ces partis. S'ils veulent bien prendre la peine de scruter les conditions qui sont requises pour donner la grande solution que nous leur proposons ici plus exclusivement, ils pourront entrevoir qu'il faut enfin, pour arriver à un but si auguste, pénétrer jusques dans les mystères intimes de la création; et, certes, ils sentiront alors combien les connaissances actuelles des hommes sont loin de pouvoir remplir de telles conditions; et par conséquent, s'ils sont raisonnables, comme nous devons le supposer, ils affaibliront en eux cette trop grande présomption dans leurs propres lumières, qui les porte à méconnaître l'égalité des droits des deux partis.

Puissent-ils au moins comprendre le problème même dont nous leur proposons ici la solution! Si ce vœu ne devait pas s'accomplir, nulle garantie contre la ruine imminente du monde civilisé ne saurait plus exister.

FIN.

www.ingramcontent.com/pod-product-compliance
Lightning Source LLC
LaVergne TN
LVHW010103230826
846091LV00005B/2065

* 9 7 8 2 0 1 1 7 8 1 1 7 8 *